50 Rezepte für selbstgemachte Protein-Riegel für Bodybuilder:

Reg das Muskelwachstum ganz natürlich an ohne Kreatine oder Anabole Steroide

Von

Joseph Correa

Zertifizierter Sport-Ernährungsberater

COPYRIGHT

© 2016 Correa Media Group

Alle Rechte vorbehalten.

Die Vervielfältigung und Übersetzung von Teilen dieses Werkes, mit Ausnahme zum in Paragraph 107 oder 108 des United States Copyright Gesetzes von 1976 dargelegten Zwecke, ist ohne die Erlaubnis des Copyright-Inhabers gesetzeswidrig.

Diese Veröffentlichung dient dazu fehlerfreie und zuverlässige Informationen zu dem auf dem Cover abgedruckten Thema zu liefern. Es wird mit der Einstellung verkauft, dass weder der Autor noch der Herausgeber befähigt sind, medizinische Ratschläge zu erteilen. Wenn medizinischer Rat oder Beistand notwendig sind, konsultieren Sie einen Arzt. Dieses Buch ist als Ratgeber konzipiert und sollte in keinster Weise zum Nachteil Ihrer Gesundheit gereichen. Konsultieren Sie einen Arzt, bevor Sie mit diesen Meditationsübungen beginnen, um zu gewährleisten, dass sie das Richtige für Sie sind.

DANKSAGUNG

Die Durchführung und der Erfolg dieses Buches wären ohne die Unterstützung meiner Familie nicht möglich gewesen.

50 Rezepte für selbstgemachte Protein-Riegel für Bodybuilder:

Reg das Muskelwachstum ganz natürlich an ohne Kreatine oder Anabole Steroide

Von

Joseph Correa

Zertifizierter Sport-Ernährungsberater

INHALTSVERZEICHNIS

Copyright

Danksagung

Über den Autor

Einleitung

50 Rezepte für selbstgemachte Protein-Riegel für Bodybuilder

Andere großartige Werke des Autors

ÜBER DEN AUTOR

Als zertifizierter Sport-Ernährungsberater und Profi-Sportler, glaube ich fest daran, dass die richtige Ernährung dir dazu verhilft, deine Ziele schneller und effektiver zu erreichen. Mein Wissen und meine Erfahrung haben mir über die Jahre geholfen, gesünder zu leben. Diese Erkenntnis habe ich mit meiner Familie und meinen Freunden geteilt. Je mehr du über gesunden Essen und Trinken weißt, desto schneller wirst du deine Lebens- und Essensgewohnheiten ändern wollen.

Erfolgreich darin zu sein, dein Gewicht kontrollieren zu wollen, ist wichtig, da es all deine Lebensbereiche verbessern wird.

Ernährung ist der Schlüssel auf dem Weg zu einer besseren Figur. Darum soll es auch in diesem Buch gehen.

EINLEITUNG

50 Rezepte für selbstgemachte Protein-Riegel für Bodybuilder: Reg das Muskelwachstum ganz natürlich an ohne Kreatine oder Anabole Steroide

Dieses Buch wird dir dabei helfen, deinen täglichen Protein-Konsum zu steigern und dein Muskelwachstum dadurch anzuregen. Diese Mahlzeiten werden deine Muskeln auf eine organisierte Art und Weise stärken, indem sie deinem Speiseplan eine gesunde Menge an Proteinen zufügen. Zu beschäftigt zu sein, um richtig zu essen, kann manchmal zu einem Problem werden. Darum hilft dir dieses Buch Zeit zu sparen und deinen Körper richtig zu ernähren, damit du die Ziele erreichen kannst, die du erreichen willst. Achte darauf, was du zu dir nimmst, indem du deine Mahlzeiten selbst zubereitest oder sie dir zubereiten lässt.

Dieses Buch wird dir dabei helfen:

- Muskeln schneller aufzubauen.

- die Erholungszeiten zu verbessern.

- leckere Gerichte zu essen.

- mehr Energie zu haben.

-deinen Stoffwechsel zum Zwecke des Muskelaufbaus auf natürliche Weise anzuregen.

-dein Verdauungssystem zu verbessern.

Joseph Correa ist ein zertifizierter Sport-Ernährungsberater und Profi-Sportler.

50 Rezepte für selbstgemachte Protein-Riegel für Bodybuilder

1. Protein-Riegel mit Schokolade

Zutaten:

1 Tasse Haferflocken

3 Kellen Proteinpulver – Schokoladengeschmack

3 EL Erdnussbutter (nimm Bio-Erdnussbutter)

1,5 Tassen fettreduzierte Milch

2 EL brauner Zucker

Zubereitung:

Schokoladen Protein-Riegel sind leicht zuzubereiten. Sie sind sehr gesund und schmecken dabei auch noch. Vermische die Zutaten, bis du eine steife Masse erhältst. Sei geduldig - das kann einige Zeit dauern (etwa 15 Minuten). Verwende Behälter für Schokoladen-Riegel (wenn diese nicht zur Verfügung stehen, nimm stattdessen Behälter für Käsekuchen) und sprühe sie leicht mit Backspray ein. Verwende immer fettreduziertes Spray, wenn du diese Schokoladen Protein-Riegel zubereitest. Teile die Mischung in acht gleich große Teile und befülle die Behälter. Lass sie über Nacht im Kühlschrank stehen. Wenn du möchtest, kannst du noch etwas mehr Süßungsmittel darüber streuen.

Nährwert:

Kohlenhydrate 10,2g

Zucker 5,9g

Proteine 12,2 g

Fette insgesamt (einfach gesättigte Fettsäuren) 11,6g

Natrium 123,8 mg

Kalium 85mg

Calcium 45,5mg

Eisen 0,33mg

Vitamine (Vitamin A; B-6; B-12; C; D; D2; D3; K; Riboflavin; Niacin; Thiamin; K)

Kalorien 53

2. Riegel mit VanillePudding

Zutaten:

1,5 Kellen Proteinpulver (Vanille)

1 Tasse Haferflocken

1 Packung Pudding (Vanillegeschmack)

2 Tassen fettreduzierte Milch

Zubereitung:

Mische die Zutaten, bis du eine steife Masse erhältst. Das sollte einige Minuten dauern. Koche die Mischung etwa 3-4 Minuten bei niedriger Temperatur. Gib die Mischung in ein Glas oder einen Metallbehälter für Proteinriegel. Du solltest mit dieser Mischung 8 Protein-Riegel erhalten. Stell die Masse über Nacht in den Kühlschrank.

Nährwert:

Kohlenhydrate 35g

Zucker 6,74g

Proteine 52g

Fette insgesamt (einfach gesättigte Fettsäuren) 1,38g

Natrium 376mg

Kalium 880mg

Calcium 684,7mg

Eisen 1,31mg

Vitamine (Vitamin C; B-6; B-12; A-RAE; A-IU; E; D; D-D2+D3; K; Thianin; Riboflavin; Niacin)

Kalorien 257

3. Fettreduzierte Joghurt-Riegel

Zutaten:

½ Tasse fettreduziert Frischkäse

2 Tassen fettreduzierter Joghurt

4 Kellen MolkenProteine (Vanille)

½ Tassen Haferflocken

Zubereitung:

Vermische die Zutaten in einem Mixer. Stell sie etwa eine Stunde ins Gefrierfach. Schneide daraus 8 Protein-Riegel und bewahre sie im Kühlschrank auf. Deine Protein-Riegel sind nach 2-3 Stunden zum Verzehr geeignet.

Nährwert:

Kohlenhydrate 19g

Zucker 5,76g

Proteine 27,5g

Fette insgesamt 3,3g

Natrium 268,7mg

Kalium 535,3mg

Calcium 456,6mg

Eisen 0,73mg

Vitamine (Vitamin C Askorbinsäure; B-6; B-12; A-RAE; A-IU; E; D; D-D2+D3; K-Phylloquinone; Thianin; Riboflavin; Niacin)

Kalorien 228

4. Hüttenkäse Riegel

Zutaten:

1 Tasse fettreduzierter, cremiger Hüttenkäse

4 Kellen Proteinpulver (Schokolade)

1 Tasse Getreideflocken

2 EL Honig

½ TL Zimt

Zubereitung:

Gib den Käse in eine große Schüssel zum Proteinpulver, Honig und Zimt. Mische die Zutaten mit einem elektrischen Mixer. Mische alles, bis du eine geschmeidige Masse erhältst . Füge die Getreideflocken dazu und mische alles mehrere Minuten. Wenn die Mischung zu dick ist, gib etwas Wasser dazu. Verteile sie in zuvor eingefettete Formen und stelle sie etwa eine Stunde in den Kühlschrank. Schneide 10 Protein-Riegel daraus. Sie sind nun zum Verzehr geeignet.

Nährwert:

Kohlenhydrate 21g

Zucker 8,58g

Proteine 24g

Fette insgesamt 4g

Natrium 221,2mg

Kalium 361,1mg

Calcium 333,5mg

Eisen 5,23mg

Vitamine (Vitamin C Askorbinsäure; B-6; B-12; Folate-DFE; A-RAE; A-IU; E-alpha-Tocopherol; D; D-D2+D3; K-Phylloquinone; Thianin; Riboflavin; Niacin)

Kalorien 190

5. Protein-Riegel Kokosnuss und Vanille

Zutaten:

1 Kelle Vanille-Proteinpulver

1/4 Tasse Kokosflocken

1/4 Tasse gehackte Kokosnuss

1/4 Tasse fettreduzierte Milch

3 EL geschmolzen dunkle Schokolade (85% Kakaoanteil)

Zubereitung:

Tränke die Kokosnuss-Stücke in Wasser und lass sie etwa eine Stunde stehen. Vermische in der Zwischenzeit das Vanille-Proteinpulver und die Kokosflocken mit Milch. Du musst fettreduzierte Milch verwenden. Das hat große Auswirkungen auf den Nährwertgehalt deines Protein-Riegels. Der elektrische Mixer wird dir die Arbeit abnehmen. Gib anschließend die gehackten Kokosnuss-Stücke dazu und rühre gut um. Verteile die Mischung in einer kleinen Form und träufle geschmolzene Schokolade darüber. Lass alles einige Stunden im Kühlschrank stehen. Schneide 3 große Protein-Riegel daraus.

Nährwert:

Kohlenhydrate 20g

Zucker 9,53g

Proteine 19,25g

Fette insgesamt 6,06g

Natrium 53mg

Kalium 353mg

Calcium 302mg

Eisen 12,6

Vitamine (Vitamin C Askorbinsäure; B-6; B-12; Folate-DFE; A-RAE; A-IU; E-alpha-Tocopherol; D; D-D2+D3; K-Phylloquinone; Thianin; Riboflavin; Niacin)

Kalorien 256

6. Protein-Riegel mit Orange und Goji-Beeren

Zutaten:

1 Kelle Bio-Proteinpulver (geschmacklos)

3/4 Tasse gemahlen Mandeln

1/4 Tasse Kokosraspeln

3/4 Tasse Goji-Beeren

1 Tasse Kokosmilch

½ Glas Wasser

1 TL Vanilleextrakt

1 TL geriebene Orangenschale

1 TL Chilipulver

3 EL geraspelte dunkle Schokolade mit 85% Kakaoanteil

Zubereitung:

Mit diesem Rezept erhältst du 5 super gesunde Protein-Riegel. Zuerst musst du die geriebene Orangenschale mit Chili, Vanilleextrakt und Kokosmilch mischen. Koche alles bei niedriger Temperatur 10-15 Minuten. Lass es abkühlen. Verrühre in der Zwischenzeit mit dem Mixer das Proteinpulver mit den Mandeln, den Kokosraspeln, den Goji-Beeren und Wasser einige Minuten. Füge die erkaltete Mischung aus Chili, Vanilleextrakt, Orangenschale und Kokosmilch dazu und rühre alles weitere 1-2 Minuten um. Verteile die Mischung in 8 Behälter für Protein-Riegel und streue dunkle Schokolade darauf. Lass es einige Stunden im Kühlschrank stehen.

Nährwert:

Kohlenhydrate 14,5g

Zucker 2,61g

Proteine 13,5g

Fette insgesamt 16,6 g

Natrium 49,5mg

Kalium 331mg

Calcium 121,8mg

Eisen 37,6mg

Vitamine (Vitamin C; B-6; B-12; A-RAE; D; D-D2+D3; K-Phylloquinone; Thianin; Riboflavin; Niacin)

Kalorien 248,8 kcal

7. Protein-Riegel mit Kürbiskerne

Zutaten:

2 kleine gekochte Karotten

1/2 Tasse Proteinpulver (Vanille)

1/4 Tasse gehackte Kürbiskerne

1/4 Tasse fettreduzierte Milch

1 TL Kürbiskernbutter

2 EL brauner Zucker

¼ Tasse Wasser

Zubereitung:

Wasche und schäle die Karotten. Schneide sie in kleine Stücke und lass sie etwa 20 Minuten aufkochen (bis sie vollkommen gar sind). Lass sie abkühlen. Schmelze die Kürbiskernbutter und gib Zucker dazu. Rühre alles einige Sekunden um. Füge Milch und das Proteinpulver bei. Koche die Mischung einige Minuten (3-4) und rühre die Karotten unter. Püriere sie, bis sie geschmeidig ist. Gib dabei regelmäßig Wasser dazu. Teile die Mischung auf 4 mittelgroße Behälter auf und streue die gehackten

Kürbiskerne darüber. Lass sie einige Stunden im Kühlschrank stehen.

Nährwert:

Kohlenhydrate 21g

Zucker 7,93g

Proteine 17,5

Fette insgesamt 9.3g

Natrium 52,3mg

Kalium 289mg

Calcium 127,6mg

Eisen 12,3mg

Vitamine (Vitamin C Askorbinsäure; B-6; B-12; Folate-DFE; A-RAE; A-IU; E-alpha-Tocopherol; D; D-D2+D3; K-Phylloquinone; Thianin)

Kalorien 200

8. Orangensaft Protein-Riegel

Zutaten:

3½ Tassen Haferbrei

1½ Tassen Milchpulver (1,5% Fett)

4 EL Proteinpulver (Geschmacksrichtung deiner Wahl)

1 Tasse Honig

2 geschlagen Eiweiß

1 Tasse Orangensaft

1 TL Zimt

Zubereitung:

Besprühe eine Backform mit etwas fettreduziertem Backspray. Mische den Haferbrei, das Milchpulver und Proteinpulver in einer Schüssel. Vermenge in einer anderen Schüssel das Eiweiß, den Orangensaft und den Honig. Verrühre die flüssige Masse, bis sie trocken ist. Die Mischung sollte dickflüssig sein und dem Teig von Keksen ähneln . Verteile die Mischung in eine Backform und backe sie im vorgeheizten Backofen bei 180°C etwa 10-15 Minuten. Die Ränder sollten dann knusprig und braun sein. Schneide den Teig in 10 Stücke und lass ihn abkühlen. Stell die Riegel über Nacht in den Kühlschrank.

Nährwert:

Kohlenhydrate 18,7g

Zucker 3,2g

Proteine 17,5g

Fette insgesamt 14,8 g

Natrium 51,5mg

Kalium 328mg

Calcium 126,8mg

Eisen 29,2mg

Vitamine (Vitamin C; B-6; B-12; A-RAE; D; D-D2+D3; K-Phylloquinone; Thianin; Riboflavin; Niacin)

Kalorien 248,8 kcal

9. Kokosnuss Protein-Riegel

Zutaten:

1 Löffelspitze Vanille-Proteinpulver

2 Löffelspitzen Kokosmehl

½ Tasse Milch

2 große Rippen dunkle Schokolade (80% Kakaoanteil)

Zubereitung:

Das ist ein sehr leichtes Rezept, das nicht mehr als 10 Minuten deiner Zeit beansprucht. Am Ende wirst du sehr leckere Protein-Riegel erhalten. Mische das Proteinpulver mit Kokosmehl und gieße Milch dazu. Es entsteht eine kompakte Mischung. Wenn sie dir zu dick ist, füge etwas Wasser bei. Du kannst bei diesem Rezept nichts falsch machen. Wenn du es mit der Flüssigkeit übertreibst, gib die trockenen Zutaten dazu oder umgekehrt. Forme am Schluss 3 Protein-Riegel aus der Masse und bewahre sie im Kühlschrank auf, damit sie noch etwas trocknen. Bereite in der Zwischenzeit die Schokoladenglasur vor, indem du die Schokolade bei niedriger Temperatur schmilzt. Verteile sie über die Protein-Riegel und stell sie einige Stunden in den Kühlschrank.

Nährwert:

Kohlenhydrate 14,5g

Zucker 2,61g

Proteine 13,5g

Fette insgesamt 16,6 g

Natrium 49,5mg

Kalium 331mg

Calcium 121,8mg

Eisen 37,6mg

Vitamine (Vitamin C Askorbinsäure; B-6; B-12; A-RAE; A-IU; E; D; D-D2+D3; K-Phylloquinone; Thianin; Riboflavin; Niacin)

Kalorien 176,8 kcal

10. Mandel Protein-Riegel

Zutaten:

¼ Tasse gemahlene Mandeln,

¼ Tasse fettreduzierte Mandelmilch

¼ Tasse frisch gemahlene Leinsamen

½ Tasse Kokosmehl

3 Eiweiß

½ TL Salz

¼ Tasse Mandelbutter

1 EL Honig

Bio-Vanilleextrakt

½ Tasse Rosinen

Zubereitung:

Mische die Mandeln, Leinsamen, Kokosmehl, Salz und Eiweiß in einer Küchenmaschine. Schmelze die Mandelbutter, bis sie braun ist und füge Honig, Milch und Vanilleextrakt dazu. Lass sie einige Minuten kochen. Gib Mandeln, Leinsamen, Kokosmehl, Salz und Eier dazu. Lass alles kochen. Rühre anschließend die Rosinen unter. Lass sie im Gefrierfach etwa eine Stunde abkühlen. Schneide die Masse in 8 Protein-Riegel und stell sie über Nacht in den Kühlschrank.

Nährwert:

Kohlenhydrate 21,8g

Zucker 8,61g

Proteine 18,3g

Fette insgesamt 14,6 g

Natrium 54,5mg

Kalium 327mg

Calcium 112,8mg

Eisen 25,3mg

Vitamine (Vitamin C; B-6; B-12; A-RAE; D; D-D2+D3; K-Phylloquinone; Thianin; Riboflavin; Niacin)

Kalorien 232,7 kcal

11. Schokoladenmüsli Protein-Riegel

Zutaten:

3 Tassen Haferbrei

1 Tasse Schokoladenmüsli

½ Tasse gemahlene Mandeln

½ Tasse gemahlene Haselnüsse

1 Tasse Pflaumen, in kleine Stücke geschnitten (Rosinen, Feigen oder andere Früchte deiner Wahl),

½ Tasse Erdnüsse,

2 EL Kakaopulver

4 Kellen Schokolade Proteinpulver

2 Gläser fettreduzierte Milch

Zubereitung:

Mische die Zutaten in einer großen Schüssel, bis die Mischung erhärtet. Du kannst einen elektrischen Mixer dafür verwenden. Verteile die Masse in eine Backform und backe sie etwa 30 Minuten im vorgeheizten Backofen (180°C). Die Riegel sollten eine braune Farbe erhalten. Entferne die Form dann aus dem Ofen und schneide den

Teig in 8 Protein-Riegel. Lass sie einige Stunden abkühlen. Deine Protein-Riegel sind nun zum Verzehr geeignet.

Nährwert:

Kohlenhydrate 21,3g

Zucker 8,2g

Proteine 19,4g

Fette insgesamt 13,4g

Natrium 52mg

Kalium 345mg

Calcium 133,2mg

Eisen 23,6mg

Vitamine (Vitamin C; B-6; B-12; A-RAE; D; D-D2+D3; K-Phylloquinone; Thianin; Riboflavin; Niacin)

Kalorien 239 kcal

12. Cranberries Protein-Riegel

Zutaten:

3 Tassen Haferbrei

½ Tasse Mandeln

1 Tasse getrocknete Cranberries

4 EL Erdnussbutter

1 Glas fettreduzierte Milch

4 Kellen Vanille-Proteinpulver

Zubereitung:

Vermische den Haferbrei, die Mandeln und die Cranberries in einer Schüssel. Schmelze die Erdnussbutter bei niedriger Temperatur. Gib etwas Milch dazu, bevor sie schmilzt – dadurch brennt die Erdnussbutter nicht an. Sobald die Erdnussbutter schmilzt, gib das Vanille-Proteinpulver und lass es aufkochen. Entferne die Mischung vom Herd und lass sie abkühlen. Rühre die trockene Mischung unter und mische alles gut durch. Verteile sie in 5 Behälter für Protein-Riegel und bewahre sie im Kühlschrank auf. Nach etwa 4 Stunden sind deine Protein-Riegel fertig und zum Verzehr geeignet.

Nährwert:

Kohlenhydrate 19,6g

Zucker 7,9g

Proteine 19,3g

Fette insgesamt 12,3 g

Natrium 51,5mg

Kalium 298mg

Calcium 147mg

Eisen 23,6mg

Vitamine (Vitamin C; B-6; B-12; A-RAE; D; D-D2+D3; K-Phylloquinone; Thianin; Riboflavin; Niacin)

Kalorien 224 kcal

13. Protein-Riegel mit Kokosnuss und Zitrone

Zutaten:

1 Tasse gehackte Mandeln oder Mandelstifte

1,5 Tassen Rosinen

1 Tasse ungesüßte Kokosmilch

1 EL Zitronenschale

2 EL Zitronensaft

Zubereitung:

Gib alle Zutaten in einen Mixer. Lass die Rosinen etwa 5 Minuten, bevor du sie in den Mixer gibst, in Wasser einweichen. Befülle 5 Behälter für Protein-Riegel mit der Mischung und stell sie etwa eine Stunde ins Gefrierfach. Das war's! Dein Protein-Riegel ist fertig.

Nährwert:

Kohlenhydrate 14,3g

Zucker 2,9g

Proteine 14,9g

Fette insgesamt 13g

Natrium 29mg

Kalium 361mg

Calcium 112mg

Eisen 13,6mg

Vitamine (Vitamin C; B-6; B-12; A-RAE; D; D-D2+D3; K-Phylloquinone; Thianin; Riboflavin; Niacin)

Kalorien 200 kcal

14. Einfache Protein-Riegel

Zutaten:

2 Kellen Molkenproteinpulver

1 Tasse Bio- Haferbrei

1 Glas fettreduzierte Milch

4 EL Erdnussbutter

4 EL Honig

1 EL Kakaopulver

½ Tasse frisch gemahlene Leinsamen

Zubereitung:

Vermenge das Molkenproteinpulver und das Kakaopulver mit Milch. Gib Honig und Haferbrei dazu. Rühre alles gut um, um eine Teig ähnliche Mischung zu erhalten. Schmelze die Erdnussbutter in einer Bratpfanne und brate die gemahlenen Leinsamen etwa 5 Minuten darin. Nimm die Pfanne vom Herd und gib die Samen zur Mischung. Verteile sie in eine Backform und streue Leinsamen darüber. Backe den Teig 10 Minuten bei 180°C im vorgeheizten Backofen. Lass ihn eine Weile auskühlen und schneide ihn in 4 Protein-Riegel. Stell sie über Nacht in den Kühlschrank.

Nährwert:

Kohlenhydrate 19g

Zucker 4,6g

Proteine 18,5g

Fette insgesamt 12,2 g

Natrium 52mg

Kalium 401mg

Calcium 117mg

Eisen 19,6mg

Vitamine (Vitamin C; B-6; B-12; A-RAE; D; D-D2+D3; K-Phylloquinone; Thianin; Riboflavin; Niacin)

Kalorien 224 kcal

15. Mandelbutter Protein-Riegel

Zutaten:

1 Tasse Mandelbutter

3 EL Vanille-Proteinpulver

½ Tasse Ahornsirup

2 Eiweiß

2 Tassen Haferbrei

½ Tasse Kokosraspeln

1 TL Backpulver

Zubereitung:

Verwende ein elektrisches Messer, um die Mandelbutter mit dem Proteinpulver und dem Ahornsirup zu vermischen. Füge Eiweiß bei. Rühre den Haferbrei, die Kokosraspeln und das Backpulver unter. Forme aus der Masse einen Teig. Verteile ihn in eine Backform und backe ihn im vorgeheizten Backofen etwa 10 Minuten. Er sollte eine schöne braune Farbe besitzen. Lass ihn abkühlen und schneide 4 Protein-Riegel daraus. Bewahre sie in einer verschließbaren Dose auf.

Nährwert:

Kohlenhydrate 19g

Zucker 5,2g

Proteine 17,3g

Fette insgesamt 12g

Natrium 51,1mg

Kalium 212mg

Calcium 114mg

Eisen 22mg

Vitamine (Vitamin C; B-6; B-12; A-RAE; D; D-D2+D3; K-Phylloquinone; Thianin; Riboflavin; Niacin)

Kalorien 217 kcal

16. Müsli-Schokolade-Riegel

Zutaten:

1,5 Tassen Quinoaflocken

½ Tasse gehackte Walnüsse

¼ Tasse ungesüßte, gehackte Kokosnuss

¼ Tasse gesüßtes Vanille-Proteinpulver

1 Ei

2/3 Tasse Griechischer Joghurt

1/3 Tasse ungesüßte Mandelbutter

3 EL Honig

2 EL geschmolzenes Kokosöl

1 EL Zitronenschale

½ Tasse Rosinen

Zubereitung:

Heize den Backofen auf 180°C vor. Fette die Backform mit Kokosöl ein. Verteile Quinoaflocken, gehackte Walnüsse und Kokosnuss gleichmäßig darüber und backe alles etwa 6-8 Minuten. Vermische in der Zwischenzeit den

Griechischen Joghurt mit Ei, geschmolzener Mandelbutter, Honig, Zitronenschale und Rosinen. Nimm die Nüsse aus dem Ofen und lass sie abkühlen. Vermische sie anschließend mit Griechischem Joghurt und verteile die Mischung auf 12 Behälter für Protein-Riegel. Stell sie 3-4 Stunden ins Gefrierfach und danach in den Kühlschrank.

Nährwert:

Kohlenhydrate 20g

Zucker 5g

Proteine 11g

Fette insgesamt 12g

Natrium 45mg

Kalium 209mg

Calcium 109mg

Eisen 16mg

Vitamine (Vitamin C Askorbinsäure; B-6; B-12; Folate-DFE; A-RAE; A-IU; E-alpha-Tocopherol; D; D-D2+D3; K-Phylloquinone; Thianin)

Kalorien 227

17. Frucht-Protein-Riegel

Zutaten:

1 Tasse getrocknete Fruchtmischung

1 Tasse Wasser

1.,5 Tassen Haferbrei

1 Tasse Vanille-Proteinpulver

3 EL fettreduzierte Milch

2 TL geriebene Zitronen- oder Orangenschale

Zubereitung:

Leg die getrockneten Früchte in Wasser ein und lass sie 10-15 Minuten ruhen. Verwende einen elektrischen Mixer um den Haferbrei mit Proteinpulver und Milch zu vermengen. Verteile die Mischung in eine Backform. Bedecke sie mit getrockneten Früchten, streue Zitronen-/Orangenschale darüber und backe alles 10 Minuten bei 180°C. Lass den Teig abkühlen und schneide ihn in 5 Protein-Riegel. Stell sie 30 Minuten in den Kühlschrank und deine Protein-Riegel sind verzehrbereit

Nährwert:

Kohlenhydrate 41g

Zucker 23g

Proteine 17g

Fette insgesamt 3g

Natrium 36mg

Kalium 213mg

Calcium 145mg

Eisen 12mg

Vitamine (Vitamin C Askorbinsäure; B-6; B-12; Folate-DFE; A-RAE; A-IU; E-alpha-Tocopherol; D; D-D2+D3; K-Phylloquinone; Thianin)

Kalorien 252

18. Protein-Riegel mit Cranberries und Orange

Zutaten:

1 Tasse gemahlene Walnüsse

½ Tasse Walnussbutter

1,5 Tassen fettreduzierte Milch

1,5 Tassen Vanille-Proteinpulver

1/3 Tasse getrocknete Cranberries

2 TL geriebene Orangenschale

Zubereitung:

Bilde aus den Zutaten mithilfe eines Mixers einen geschmeidigen Teig. Verteile die Mischung in einer Backform, fette sie mit Walnussbutter ein. Lass sie so über Nacht im Kühlschrank stehen. Schneide den Teig in 8 gleich große Protein-Riegel und bewahre sie im Kühlschrank auf.

Nährwert:

Kohlenhydrate 41g

Zucker 23g

Proteine 17g

Fette insgesamt 3g

Natrium 23mg

Kalium 222mg

Calcium 118,4mg

Eisen 31mg

Vitamine (Vitamin C Askorbinsäure; B-6; B-12; Folate-DFE; A-RAE; A-IU; E-alpha-Tocopherol; D; D-D2+D3; K-Phylloquinone; Thianin)

Kalorien 252

19. Erdnussbutter-Protein-Riegel

Zutaten:

2 Tassen Haferflocken

4 Kelle Proteinpulver

5 EL Erdnussbutter

1/2 Tasse Milch

Zubereitung:

Ein weiteres leichtes Rezept. Alles, was du hierfür tun musst, ist die Zutaten in einem Mixer zu verrühren und sie in einen Behälter für Protein-Riegel zu verteilen. Mit diesem Rezept erhältst du 5 Protein-Riegel. Lass sie einige Stunden im Kühlschrank stehen. Nun kannst du sie genießen!

Nährwert:

Kohlenhydrate 16g

Zucker 7g

Proteine 16g

Fette insgesamt 2,6g

Natrium 17mg

Kalium 212mg

Calcium 105,3mg

Eisen 12mg

Vitamine (Vitamin C Askorbinsäure; B-6; B-12; Folate-DFE; A-RAE; A-IU; E-alpha-Tocopherol; D; D-D2+D3; K-Phylloquinone; Thianin)

Kalorien 167

20. Protein-Riegel mit Mandel und Vanille

Zutaten:

½ Tasse Getreideflocken

½ Tasse Proteinpulver

2 EL Erdnussbutter

4 EL gemahlene Mandeln

1 Glas lauwarmes Wasser

Zubereitung:

Weiche die Flocken etwa 30 Minuten in lauwarmen Wasser ein. Schmelze die Erdnussbutter bei niedriger Temperatur in einer Bratpfanne (du kannst auch etwas Wasser zugeben, wenn das leichter ist – ¼ Glas sollte reichen). Brate die Mandeln einige Minuten an – nur bis sie eine leicht braune Farbe annehmen. Gib nun die eingeweichten Flocken und das Proteinpulver dazu. Rühre einige Minuten gut um. Nimm die Mischung vom Herd und lass sie abkühlen. Forme 5 Protein-Riegel aus dieser Masse und stell sie über Nacht in den Kühlschrank.

Nährwert:

Kohlenhydrate 23g

Zucker 16g

Proteine 19g

Fette insgesamt 2,8g

Natrium 39mg

Kalium 253mg

Calcium 129,9mg

Eisen 33mg

Vitamine (Vitamin C Askorbinsäure; B-6; B-12; Folate-DFE; A-RAE; A-IU; E-alpha-Tocopherol; D; D-D2+D3; K-Phylloquinone; Thianin)

Kalorien 231

21. Protein-Riegel mit getrockneten Früchten

Zutaten:

2,5 Tassen Haferbrei

½ Tasse Mandeln (geschält und geröstet)

½ Tasse Haselnüsse (geschält und geröstet)

1/3 Tasse Honig

1 Tasse getrocknete Früchte (Cranberries, Aprikosen und gelbe Rosinen)

1 Tasse zuckerfreie Apfelsauce

½ TL Zimt

Zubereitung:

Hacke die Mandeln und Haselnüsse in große Stücke. Die getrockneten Früchte ebenso. Verwende eine kleine Backform und besprühe sie mit fettreduziertem Backspray. Backe die Nüsse und Früchte im vorgeheizten Backofen etwa 15 Minuten bei 180°C. Nimm sie aus dem Ofen und lass sie abkühlen. Vermische in der Zwischenzeit Zimt, Apfelsauce und Honig mit Haferbrei. Vielleicht benutzt du dafür besser einen Mixer. Das sollte eine Minute dauern. Nimm die Nüsse und Früchte aus der

Form. Verteile stattdessen die Mischung darin in und graniere sie mit Nüssen. Backe das Ganze 5 weitere Minuten. Nimm die Form aus dem Ofen und lass sie einige Stunden abkühlen. Schneide die Portion in 20 Protein-Riegel und stell sie über Nacht in den Kühlschrank.

Nährwert:

Kohlenhydrate 32,2g

Zucker 17g

Proteine 19.9g

Fette insgesamt 5,6g

Natrium 31mg

Kalium 232,7mg

Calcium 126,4mg

Eisen 27mg

Vitamine (Vitamin C Askorbinsäure; B-6; B-12; Folate-DFE; A-RAE; A-IU; E-alpha-Tocopherol; D; D-D2+D3; K-Phylloquinone; Thianin)

Kalorien 234

22. Amarant Protein-Riegel

Zutaten:

1 Tasse Amarant

3 EL Hafer

3 EL getrocknete Goji-Beeren

3 EL getrocknete Cranberries

1 EL Sesam

1 EL Sonnenblumenkerne

2 EL Honig

1 große Banane

1 EL brauner Zucker

½ TL Zimt

1 EL Öl

Zubereitung:

Bereite zuerst Amarant-Popcorn zu. Das Vorgehen ist ähnlich dem zu normalen Popcorn. Verwende eine Bratpfanne und träufle etwas Öl hinein. Leg die Amarantsamen hinein und brate sie 10 Minuten. Bewege die Pfanne einige Male, bis die Amarantsamen alle aufgegangen sind. Nimm die Pfanne vom Herd und lass sie einige Zeit ruhen.

Schneide in der Zwischenzeit die Banane in kleine Stücke. Vermische sie mit Honig und anderen Zutaten in einem Mixer. Falls die Mischung zu dick ist, stell sie eine Minute in die Mikrowelle. Das wird reichen, um eine geschmeidige Mischung zu erhalten. Verteile die Mischung in eine Backform, garniere sie mit Amarant-Popcorn und backe alles im vorgeheizten Backofen 5-10 Minuten bei 180°C. Nimm die Form aus dem Ofen, lass sie einige Zeit abkühlen und schneide den Teig in 20 Protein-Riegel. Lass sie über Nacht im Kühlschrank stehen.

Nährwert:

Kohlenhydrate 41g

Zucker 25,1g

Proteine 23,4g

Fette insgesamt 12g

Natrium 43mg

Kalium 217mg

Calcium 124,7mg

Eisen 38mg

Vitamine (Vitamin C Askorbinsäure; B-6; B-12; Folate-DFE; A-RAE; A-IU; E-alpha-Tocopherol; D; D-D2+D3; K-Phylloquinone; Thianin)

Kalorien 278

23. Protein-Riegel mit Sesam

Zutaten:

1,5 Tassen brauner Zucker

1 Zitrone

¾ Tasse Sesam

Zubereitung:

Schmelze den Zucker bei niedriger Temperatur, bis er zu leicht braunem Karamell zerfällt. Rühre gut um und verteile langsam Zitronensaft darauf. Gib nun den Sesam dazu und vermenge alles gut. Fülle die noch warme Mischung in Behälter für Protein-Riegel. Du erhältst 5 Protein-Riegel mit diesem Rezept. Lass sie einige Stunden im Kühlschrank abkühlen.

Nährwert:

Kohlenhydrate 18g

Zucker 9g

Proteine 14g

Fette insgesamt 2g

Natrium 16mg

Kalium 87mg

Calcium 8mg

Eisen 7,1mg

Vitamine (Vitamin C; B-6; B-12; D; D-D2+D3;K)

Kalorien 112

24. Mediterranes Corny mit Johannisbrot

Zutaten:

½ Tasse Haferflocken

3 EL Johannisbrotpulver

2 EL Honig

1 TL Zimt

Prise Salz

1 Eiweiß, zu festem Schnee geschlagen

3 EL getrocknete Fruchtmischung

2 EL Orangensaft

2 EL Pflaumenmarmelade

Zubereitung:

Mit diesem Rezept erhältst du 6 große Protein-Riegel. Vermische alle Zutaten in einem Mixer. Verwende eine Backform und verteile die Mischung darin. Backe sie etwa 15 bis 20 Minuten im vorgeheizten Backofen bei 150°C. Nimm sie aus dem Ofen, schneide den Teig in 6 Stücke und lass sie abkühlen.

Nährwert:

Kohlenhydrate 39g

Zucker 17,5g

Proteine 29g

Fette insgesamt 9.4g

Natrium 39mg

Kalium 249mg

Calcium 128mg

Eisen 32mg

Vitamine (Vitamin C Askorbinsäure; B-6; B-12; Folate-DFE; A-RAE; A-IU; E-alpha-Tocopherol; D; D-D2+D3; K-Phylloquinone; Thianin)

Kalorien 240

25. Sesamwürfel

Zutaten:

1,5 Tassen Honig

1,5 Tassen dunkle Schokolade

½ Tasse Mandelbutter

1,5 Tassen Maisflocken

1,5 Tassen Sesam

1 EL Sesamöl

½ Tasse lauwarmes Wasser

Zubereitung:

Brate zuerst die Sesamsamen an. Träufle etwas Sesamöl darauf, rühre gut um und brate sie einige Minuten. Die Samen sollten eine leicht brauen Farbe aufweisen. Nimm sie aus der Bratpfanne und lass sie abkühlen.

Verwende eine große Schüssel und eine Gabel, um die Maisflocken zu zerdrücken. Vermenge sie mit den Sesamsamen, gib lauwarmes Wasser darüber lass sie eine Weile ruhen, bis sie sich mit Wasser vollgesaugt haben.

Schmelze in der Zwischenzeit die Mandelbutter bei niedriger Temperatur. Gib Schokolade und Honig dazu und lass auch diese Zutaten schmelzen. Rühre dabei gelegentlich um. Nimm alles vom Herd.

Verwende eine mittelgroße Backform und verteile die Sesamsamen-Mischung darin. Bedecke sie mit geschmolzener Schokolade und schneide sie in 8 Stücke. Stell die Form 2-3 Stunden ins Gefrierfach. Nimm sie anschließend wieder heraus und bewahre deine Protein-Riegel im Kühlschrank auf.

Nährwert:

Kohlenhydrate 41,8g

Zucker 26g

Proteine 19g

Fette insgesamt 5,6g

Natrium 29mg

Kalium 249mg

Calcium 118,4mg

Eisen 41mg

Vitamine (Vitamin C Askorbinsäure; B-6; B-12; Folate-DFE; A-RAE; A-IU; E-alpha-Tocopherol; D; D-D2+D3; K-Phylloquinone; Thianin)

Kalorien 239

26. Energie-Riegel

Zutaten:

1 Tasse Haferflocken

4 EL Sonnenblumenkerne

1/3 Tasse Mandelflocken

2 EL Weizen

½ Tasse Blütenhonig

3 EL brauner Zucker

2 EL Erdnussbutter

1 EL Vanilleextrakt

Prise Salz

1 Tasse gehackte, getrocknete Früchte (Aprikosen, Kirschen, Cranberries, Rosinen)

Zubereitung:

Mische die Haferflocken, die Sonnenblumenkerne, die Mandelflocken und den Weizen. Backe sie im vorgeheizten Backofen 5-10 Minuten. Du kannst die Backzeit auch ausdehnen, wenn du sie knusprig magst, aber übertreibe es nicht.

Schmelze die Zucker in einer Bratpfanne bei niedriger Temperatur. Füge Honig, Erdnussbutter, Vanilleextrakt und Salz dazu. Rühre alles einige Minuten gut um. Wenn die Masse zu dickflüssig ist, gib etwas Wasser dazu (1/4 Glas sollte reichen). Überführe die Samen in eine Bratpfanne und rühre gut um. Teile die Mischung in 10 gleich große Stücke und bedecke sie mit getrockneten Früchten. Lass sie einige Stunden im Kühlschrank stehen.

Nährwert:

Kohlenhydrate 38,4g

Zucker 17,1g

Proteine 27,9g

Fette insgesamt 12g

Natrium 39mg

Kalium 298mg

Calcium 112mg

Eisen 29mg

Vitamine (Vitamin C Askorbinsäure; B-6; B-12; Folate-DFE; A-RAE; A-IU; E-alpha-Tocopherol; D; D-D2+D3; K-Phylloquinone; Thianin)

Kalorien 217

27. Quinoa & Banane Protein-Riegel

Zutaten:

4 EL Quinoa

1 Tasse Haferflocken

1 Ei

1 EL Honig

1 EL Olivenöl

TL Zimt

Prise Salz

½ Tasse Rosinen

1/3 Tasse gehackte Haselnüsse

2 EL Sesamsamen

2 mittlere Bananen

Zubereitung:

Koche die Quinoa 10-15 Minuten. Lass sie gut abtropfen und abkühlen. Zerdrücke in der Zwischenzeit die Banane mit einer Gabel. Verwende eine große Schüssel, um die

Haferflocken, das Zimt, das Ei und Salz zu vermengen. Füge die getrocknete Quinoa zu der Mischung.

Träufle Olivenöl in eine Bratpfanne und gib Haselnüsse und Sesamsamen dazu. Brate alles bei niedriger Temperatur 5-10 Minuten. Rühre gut um und nimm die Mischung vom Herd.

Verteile die Quinoa-Mischung in eine mittlere Backform. Bilde einen zweiten Belag aus Haselnüssen und Sesamsamen und bedecke sie mit Rosinen. Backe die Mischung bei 180°C etwa 10 Minuten. Sie sollten nun eine leicht braune Farbe aufweisen odermache den Test mit einem Zahnstocher. Nimm den Teig aus dem Ofen, schneide ihn in 10 gleich große Stücke und lass ihn abkühlen.

Nährwert:

Kohlenhydrate 38,4g

Zucker 17,1g

Proteine 27,9g

Fette insgesamt 12g

Natrium 39mg

Kalium 298mg

Calcium 112mg

Eisen 29mg

Vitamine (Vitamin C Askorbinsäure; B-6; B-12; Folate-DFE; A-RAE; A-IU; E-alpha-Tocopherol; D; D-D2+D3; K-Phylloquinone; Thianin)

Kalorien 150

28. Reis- Protein-Riegel

Zutaten:

½ Tasse Sesamsamen

1,5 Tassen Haferflocken

1 Tasse Erdnussbutter

1,5 Tassen dunkle Schokolade (80% Kakaoanteil)

1 Tasse Reiswaffeln

2 Tassen getrocknete Fruchtmischung

½ Tasse gehackte Walnüsse

1 Tasse Honig

Zubereitung:

Backe die Sesamsamen im vorgeheizten Backofen bei 180°C etwa 10 Minuten um eine leicht braune Farbe zu erhalten. Nimm den Teig aus dem Ofen und lass ihn abkühlen. Füge die Haferflocken dazu und rühre gut um.

Mische die Schokolade, Erdnussbutter und Honig und schmelze sie in der Mikrowelle (2-3 Minuten sollten reichen).

Du benötigst nun eine mittelgroße Backform. Du wirst drei Schichten aufbauen - verteile zuerst die Haferflocken und die Sesamsamen in der Form. Bilde eine weitere Schicht aus geschmolzener Schokolade, Honig und Erdnussbutter. Bedecke sie mit Reiswaffeln, gehackten Walnüssen und getrockneten Früchten.

Backe den Teig für weitere 5-10 Minuten bei 180°C. Nimm ihn aus dem Ofen und lass ihn abkühlen. Schneide ihn in 10 Protein-Riegel und lass ihn einige Stunden im Kühlschrank stehen.

Nährwert:

Kohlenhydrate 38,9g

Zucker 25g

Proteine 23g

Fette insgesamt 6,5g

Natrium 29,3mg

Kalium 259mg

Calcium 113,7mg

Eisen 29mg

Vitamine (Vitamin C Askorbinsäure; B-6; B-12; Folate-DFE; A-IU; E-alpha-Tocopherol; D; D-D2+D3; K-Phylloquinone; Thianin)

Kalorien 249

29. Kokos-Banane-Protein-Riegel

Zutaten:

3 große Bananen

6 Eiweiß

1 Tasse Kokosmilch

½ Tasse gehackte Kokosnuss

2 TL Vanilleextrakt

2 EL Honig

Zubereitung:

Diese Protein-Riegel sind leicht zuzubereiten. Du benötigst lediglich einen Mixer. Vermenge die Zutaten einige Minuten in einem Mixer oder bis du eine geschmeidige Masse erhältst. Verteile die Mischung in Behälter für Protein-Riegel undbewahre sie einige Stunden im Gefrierfach auf. Nimm sie aus dem Gefrierfach und bewahre sie im Kühlschrank auf.

Nährwert:

Kohlenhydrate 19,8g

Zucker 4,2g

Proteine 18,6g

Fette insgesamt 11,8 g

Natrium 51,5mg

Kalium 328mg

Calcium 126,8mg

Eisen 29,2mg

Vitamine (Vitamin C Askorbinsäure; B-6; B-12; A-RAE; A-IU; E; D; D-D2+D3; K-Phylloquinone; Thianin; Riboflavin; Niacin)

Kalorien 222.8 kcal

30. Chili Protein-Riegel

Zutaten:

1 Tasse Kokosmehl

3 Eiweiß

1 Glas Mandelmilch

1 EL Honig

1 TL Chili

1 EL Kakao

5 EL geriebene dunkle Schokolade (80% Kakaoanteil)

½ Glas Kokosmilch

Zubereitung:

Gib Kokosmehl, Eiweiß, Mandelmilch, Honig und Chili in eine Küchenmaschine. Schalte sie an, bis du eine geschmeidige Mischung erhältst. Backe die Mischung im vorgeheizten Backofen bei 180°C etwa 10-15 Minuten. Nimm die Form aus dem Ofen und schneide den Teig in 5 gleich große Protein-Riegel.

Bringe in der Zwischenzeit die Kokosmilch zum Kochen und gib Kakao und Schokolade dazu. Koche alles 2-3 Minuten und nimm den Topf vom Herd. Lass alles einige Minuten abkühlen.

Tränke nun die Protein-Riegel in die Schokoladenmasse. Lass sie 15-20 Minuten in der Schokolade stehen. Bewahre deine Protein-Riegel im Kühlschrank auf.

Nährwert:

Kohlenhydrate 17,8g

Zucker 5,2g

Proteine 16g

Fette insgesamt 9g

Natrium 45,9mg

Kalium 342mg

Calcium 113mg

Eisen 21,2mg

Vitamine (Vitamin C; B-6; B-12; A-RAE; D; D-D2+D3; K-Phylloquinone; Thianin; Riboflavin; Niacin)

Kalorien 234 kcal

31. Protein-Riegel mit Griechischem Joghurt

Zutaten:

1 Tasse Griechischer Joghurt

1 große Banane

3 Eiweiß

½ Tasse gehackte Walnüsse

1 TL Vanilleextrakt

½ Tasse Kokosmehl

1 EL brauner Zucker

½ Tasse Cranberries

½ Tasse gehackte Haselnüsse

Zubereitung:

Mische den Griechischen Joghurt mit Banane, Eiweiß, gehackte Walnüssen und Vanille in einer Küchenmaschine. Bereite eine geschmeidige Mischung zu. Lass die Masse mindestens eine Stunde im Kühlschrank stehen. Nimm sie aus dem Kühlschrank, forme 8 Protein-Riegel. Bedecke sie mit Cranberries, braunem Zucker und Haselnüssen und wälze sie in Kokosmehl. Backe sie im vorgeheizten Backofen auf Backpapier bei 180°C 10 Minuten. Nimm sie aus dem Ofen und lass sie abkühlen. Bewahre sie im Kühlschrank auf.

Nährwert:

Kohlenhydrate 21,9g

Zucker 9,7g

Proteine 19,5g

Fette insgesamt 15g

Natrium 46,3mg

Kalium 312mg

Calcium 148mg

Eisen 30mg

Vitamine (Vitamin C; B-6; B-12; A-RAE; D; D-D2+D3; K-Phylloquinone; Thianin; Riboflavin; Niacin)

Kalorien 216 kcal

32. Apfelsaft-Protein-Riegel

Zutaten:

1 Tasse Haferbrei

½ Tasse Mehl

¼ Tasse gehackte Mandeln und Haselnüsse

¼ Tasse Rosinen

¼ Tasse frisch gepresster Apfelsaft

¼ Tasse Honig

½ TL Zimt

2 EL Öl

1 EL geschmolzene Mandelbutter

Zubereitung:

Vermische die getrockneten Zutaten. Füge Öl, Mandelbutter, Apfelsaft und Honig hinzu. Rühre alles gut um, bis eine geschmeidige Masse entsteht. Verteile die Masse in eine Backform. Der Belag sollte etwa 1,5 cm dick sein. Backe sie im vorgeheizten Backofen bei 120°C 15-20 Minuten. Nimm sie aus dem Backofen, schneide den Teig in 10 Protein-Riegel und lass sie einige Stunden im Kühlschrank stehen.

Nährwert:

Kohlenhydrate 21g

Zucker 6g

Proteine 19,3g

Fette insgesamt 12g

Natrium 49,5mg

Kalium 318mg

Calcium 112mg

Eisen 23,2mg

Vitamine (Vitamin C; B-6; B-12; A-RAE; D; D-D2+D3; K-Phylloquinone; Thianin; Riboflavin; Niacin)

Kalorien 212 kcal

33. Protein-Riegel mit Feigen

Zutaten:

1 Tasse gehackte Mandeln

¼ Tasse gehackte, getrocknete Feigen

¼ Tasse gehackte, getrocknete Pflaumen

¼ Tasse Rosinen

2 TL Zimt

2 EL Haferflocken

½ Tasse Mandelmilch

Zubereitung:

Mische die Mandeln, die getrocknete Feigen, Pflaumen, Rosinen, Zimt und Haferflocken in einer Küchenmaschine. Füge Milch bei und mische alles 1-2 Minuten. Verteile die Masse in eine Backform und backe sie im vorgeheizten Backofen bei 170°C etwa 45 Minuten. Die Mischung sollte sehr trocken sein. Nimm sie aus dem Ofen, schneide sie in 10 Protein-Riegel und bewahre sie an einem trockenen und kühlen Ort auf.

Wenn es leichter ist, kannst du auch vor dem Backen/Trocknen Protein-Riegel formen. Bilde eine Kugel und forme daraus die Riegel.

Kleines Geheimnis: Für alle diejenigen, die einen Dehydrator besitzen, verwendet ihn bei diesem Rezept. Das wird die Nährstoffe bewahren.

Nährwert:

Kohlenhydrate 20g

Zucker 7,6g

Proteine 19g

Fette insgesamt 12g

Natrium 58mg

Kalium 312mg

Calcium 140,2mg

Eisen 23mg

Vitamine (Vitamin C; B-6; B-12; A-RAE; D; D-D2+D3; K-Phylloquinone; Thianin; Riboflavin; Niacin)

Kalorien 219 kcal

34. Powermix- Protein-Riegel

Zutaten:

2 große Orangen

1 EL leichter Honig

3 EL brauner Zucker

6 EL Mandelbutter

8 EL Ahornsirup

2 EL Cranberry-Marmelade

3 EL Haselnüsse

3 EL weiße Mandeln

2 EL Walnüsse

2 EL gehackter Amarant

3 EL goldene Rosinen

10 EL feiner Haferflocken

8 EL geriebene dunkle Schokolade (80% Kakaoanteil)

Zubereitung:

Wasche und trockne die Orangen. Schäle sie anschließend. Presse den Saft aus den Orangen, gib Zucker und Honig dazu und koche den Saft bei hoher Temperatur auf. Rühre dabei regelmäßig um, bis die ganze Flüssigkeit verdampft ist. Du wirst eine sehr dickflüssige Marmelade erhalten.

Schneide die Haselnüsse, Mandeln und Walnüsse in kleine Stücke.

Vermische die Mandelbutter, Ahornsirup und die Cranberry-Marmelade mit einem elektrischen Mixer. Stelle die Masse 1-2 Minuten in die Mikrowelle. Nimm sie aus der Mikrowelle und vermenge sie mit der Orangen-Marmelade, den Nüssen, dem Amarant und dem Hafer. Du wirst eine sehr dickflüssige Masse erhalten. Lass sie so. Nun brauchst du Formen für Protein-Riegel. Forme 10 Protein-Riegel und backe sie im vorgeheizten Backofen 10 Minuten bei 180°C. Nimm sie aus dem Ofen und lass sie abkühlen.

Schmelze die Schokolade in der Mikrowelle einige Minuten. Tränke deine Protein-Riegel in der Schokolade und stell sie einige Stunden in den Kühlschrank.

Nährwert:

Kohlenhydrate 28g

Zucker 11g

Proteine 23g

Fette insgesamt 17,8 g

Natrium 58,3g

Kalium 369mg

Calcium 141mg

Eisen 34mg

Vitamine (Vitamin C; B-6; B-12; A-RAE; D; D-D2+D3; K-Phylloquinone; Thianin; Riboflavin; Niacin)

Kalorien 268,8 kcal

35. Aprikosen-Protein-Riegel

Zutaten:

4 EL brauner Zucker

3 EL Honig

4 EL Erdnussbutter

2 EL frisch gepresster Aprikosensaft

1 EL geriebene Orangenschale

1 Tasse Reiswaffeln

½ Tasse gehackte Aprikosen

½ Tasse gehackte Walnüsse

Zubereitung:

Vermenge alle Zutaten in einer großen Schüssel. Verwende einen elektrischen Mixer, um eine homogene Masse zu erhalten. Heize den Backofen auf 170°C vor . Verteile die Mischung in eine Backform und backe sie etwa 15 Minuten. Sie sollte eine leicht brauen Farbe bekommen. Nimm sie aus dem Ofen, schneide sie in 5 Protein-Riegel und bewahre sie an einem trockenen und kühlen Ort auf.

Nährwert:

Kohlenhydrate 20,7g

Zucker 7,4g

Proteine 19,5g

Fette insgesamt 13g

Natrium 49mg

Kalium 294mg

Calcium 112,8mg

Eisen 27mg

Vitamine (Vitamin C; B-6; B-12; A-RAE; D; D-D2+D3; K-Phylloquinone; Thianin; Riboflavin; Niacin)

Kalorien 259 kcal

36. Protein-Riegel mit gemischten Früchten

Zutaten:

¼ Tasse gehackte, getrocknete Feigen

¼ Tasse gehackte Datteln

¼ Tasse geschnittene Pflaumen

¼ Tasse weiße Rosinen

¼ Tasse gehackte, getrocknete Orange

¼ Tasse gehackte, getrocknete Pflaumen

1 Glas frischer Orangensaft

1 Glas frischer Zitronensaft

¼ Tasse gemahlene Walnüsse

¼ Tasse gemahlene Haselnüsse

¼ Tasse Honig

einige Tropfen Rumextrakt

¼ Tasse gehackte Ananas

1 Tasse geschmolzene, dunkle Schokolade (80% Kakaoanteil)

¼ Tasse Kakao

¼ Tasse Mandelbutter

Zubereitung:

Vermische die Früchte, die Nüsse, den Honig, die Orange und den Zitronensaft in einer großen Schüssel. Lass die Mischung in der Schüssel. Schmelze die Mandelbutter bei niedriger Temperatur, füge Rumextrakt hinzu, dunkle Schokolade und Kakao. Lass sie aufkochen. Rühre regelmäßig um! Nimm den Topf vom Herd und verwende die Mischung um die Früchte und Nüsse zu binden. Vermenge alles und forme 18 Protein-Riegel. Stelle sie einige Stunden in den Kühlschrank. Diese Protein-Riegel sind sehr lecker und knusprig.

Nährwert:

Kohlenhydrate 27g

Zucker 9g

Proteine 23,8g

Fette insgesamt 17,8 g

Natrium 64mg

Kalium 417mg

Calcium 139mg

Eisen 31mg

Vitamine (Vitamin C; B-6; B-12; A-RAE; D; D-D2+D3; K-Phylloquinone; Thianin; Riboflavin; Niacin)

Kalorien 289kcal

37. Knusprige Protein-Riegel

Zutaten:

½ Tasse getrocknete Feigen

¼ Tasse getrocknete Kokosnuss

¼ Tasse geröstete Erdnüsse

¼ Tasse Weizenflocken

¼ Tasse Reiswaffeln

3 EL gerösteter Weizen

½ Tasse Honig

½ Tasse Erdnussbutter

3 EL Agavensirup

4 EL brauner Zucker

¼ TL gemahlener Zimt

1 TL Vanilleextrakt

Zubereitung:

Vereine Feigen, getrocknete Kokosnuss und geröstete Erdnüsse in einer großen Schüssel. Füge Weizen, gerösteter Weizen und Reis und rühre alles gut um.

Verbinde in einer kleinen Schüssel Honig mit Erdnussbutter, Agavensirup und brauner Zucker. Koche alles einige Minuten bei niedriger Temperatur, bis sich der brauner Zucker vollständig gelöst hat. Füge Zimt, Vanilleextrakt dazu und bring alles zum Kochen. Nimm den Topf vom Herd. Verteile die Mischung über die vorbereiteten Nüsse und Früchte und rühre gut um.

Verwende eine mittelgroße Backform, gib die Mischung hinein und backe alles etwa 20 Minuten bei 170°C. Entferne alles vom Herd, schneide die Masse in 24 Protein-Riegel und bewahre sie mindestens einige Stunden im Kühlschrank auf.

Nährwert:

Kohlenhydrate 29g

Zucker 11,3g

Proteine 26g

Fette insgesamt 11g

Natrium 61,1mg

Kalium 287mg

Calcium 134mg

Eisen 31mg

Vitamine (Vitamin C; B-6; B-12; A-RAE; D; D-D2+D3; K-Phylloquinone; Thianin; Riboflavin; Niacin)

Kalorien 254 kcal

38. Hüttenkäse & Heidelbeeren Protein-Riegel

Zutaten:

1 Tasse fettreduzierter Hüttenkäse

1 Tasse Griechischer Joghurt

2 Eiweiß

½ Tasse Heidelbeeren

4 EL brauner Zucker

1 TL Vanilleextrakt

½ Tasse Kokosmehl

Zubereitung:

Gib alle Zutaten, außer das Kokosmehl, in eine Küchenmaschine. Vermenge alles gut, bis eine geschmeidige Mischung entsteht. Verwende Formen für Protein-Riegel um 10 gleich große Protein-Riegel zu erhalten. Sprenkle etwas Kokosmehl darauf und friere sie für einige Stunden ein. Nimm sie aus dem Gefrierfach und bewahre sie im Kühlschrank auf.

Nährwert:

Kohlenhydrate 18,7g

Zucker 5,2g

Proteine 16,7g

Fette insgesamt 16.´,5 g

Natrium 54,7mg

Kalium 339mg

Calcium 138,5mg

Eisen 24,8mg

Vitamine (Vitamin C; B-6; B-12; A-RAE; D; D-D2+D3; K-Phylloquinone; Thianin; Riboflavin; Niacin)

Kalorien 236,7 kcal

39. Protein-Riegel mit Chia-Samen

Zutaten:

1 Tasse gehackter Chia-Samen

½ Tasse Walnüsse

½ Tasse Haselnüsse

½ Tasse Cranberries

1 Tasse fettreduzierter Käse

½ Tasse Honig

1 EL Vanilleextrakt

1 TL Zimt

1 Kelle Proteinpulver

fettreduziert es Backspray

Zubereitung:

Mische die Chia-Samen mit Nüssen und Käse. Verwende Formen für Protein-Riegel um 8 gleich große Protein-Riegel zu erhalten.

Vermenge mit einem elektrischen Mixer den Honig, Zimt, Vanilleextrakt und Proteinpulver. Verteile nun die Mischung über die Protein-Riegel.

Heize den Backofen auf 180°C. Bestreiche das Backpapier mit fettreduziertem Backspray und backe die Protein-Riegel etwa 20 Minuten, bis sie eine leicht braune Farbe annehmen. Nimm sie aus dem Backofen und lass sie abkühlen. Bewahre sie einige Stunden im Kühlschrank auf.

Nährwert:

Kohlenhydrate 14,9g

Zucker 5,3g

Proteine 18,3g

Fette insgesamt 14,6 g

Natrium 52,7mg

Kalium 326mg

Calcium 127,3mg

Eisen 26,3mg

Vitamine (Vitamin C; B-6; B-12; A-RAE; D; D-D2+D3; K-Phylloquinone; Thianin; Riboflavin; Niacin)

Kalorien 226,3 kcal

40. Haferbrei-Protein-Riegel

Zutaten:

1 Tasse Haferbrei

¼ Tasse Cornflakes

½ Tasse gehackte Haselnüsse

6 - 8 Stücke Pflaumen, in Würfel geschnitten

1/3 Tasse Rosinen

1/3 Tasse Sesamsamen

1/3 Tasse Leinsamen

½ Tasse brauner Zucker

½ Tasse geriebene Schokolade (80% Kakaoanteil)

1 mittelgroße Orange

1 TL Zimt

1 TL Rumextrakt

½ Tasse Erdnussbutter

2 EL Honig

¼ Tasse geriebene Schokolade (80% Kakaoanteil) – zur Dekoration

Zubereitung:

Vermenge alle trockenen Zutaten in einer großen Schüssel. Wasche die Orange, schäle sie und presse sie. Verwende eine Bratpfanne und schmelze die Erdnussbutter bei niedriger Temperatur darin. Gib Zucker, Rumextrakt, Zimt, Schale und Orangensaft dazu. Rühre gut um und lass alles 3-5 Minuten kochen. Füge die trockenen Zutaten in die Bratpfanne dazu und rühre gut um. Gib Honig dazu. Nimm sie vom Herd, lass die Mischung für eine Weile abkühlen und forme 15 gleich große Protein-Riegel. Dekoriere sie mit etwa Schokolade und stelle sie über Nacht in den Kühlschrank.

Nährwert:

Kohlenhydrate 27,2g

Zucker 9,2g

Proteine 26,3g

Fette insgesamt 12,8 g

Natrium 96,5mg

Kalium 356mg

Calcium 124,8mg

Eisen 29,2mg

Vitamine (Vitamin C; B-6; B-12; A-RAE; D; D-D2+D3; K-Phylloquinone; Thianin; Riboflavin; Niacin)

Kalorien 278,3 kcal

41. Honig-Protein-Riegel

Zutaten:

½ Tasse Mandelbutter

½ Tasse Honig

2 Eier

1/3 Tasse gemahlene Mandeln

½ Tasse getrocknete Aprikosen – in kleine Stücke geschnitten

¼ Tasse geröstete Haselnüsse, fein gehackt

¼ Tasse getrocknete Kirschen, fein gehackt

¼ Tasse Sesam

1/3 Tasse Hafer

1 EL Sesamöl

Zubereitung:

Du benötigst eine kleine Backform für dieses Rezept. Besprenkel sie mit etwas Sesamöl.

Verrühre die Mandelbutter mit Honig, bis eine cremige Masse entsteht, gib dann die geschlagene Eier, die Nüsse und die Früchte dazu. Verrühre die Mischung noch eine Minuten weiter um.

Heize den Backofen auf 180°C vor. Verteile die Mischung in eine Bratform und backe den Teig etwa 20-25 Minuten, bis sie eine goldene Farbe annimmt. Nimm sie aus dem Ofen und kühle sie etwa 10 Minuten ab. Schneide sie in 10 gleich große Protein-Riegel. Du kannst noch etwas Honig darüber gießen, aber das ist optional und erhöht den Nährwert. Das Gute an diesen Protein-Riegel ist, dass sie sowohl warm als auch kalt schmecken.

Nährwert:

Kohlenhydrate 28,7g

Zucker 9,2g

Proteine 27,5g

Fette insgesamt 14,8 g

Natrium 51,5mg

Kalium 328mg

Calcium 126,8mg

Eisen 29,2mg

Vitamine (Vitamin C; B-6; B-12; A-RAE; D; D-D2+D3; K-Phylloquinone; Thianin; Riboflavin; Niacin)

Kalorien 248,8 kcal

42. Protein-Riegel mit Haferbrei und Rosinen

Zutaten:

½ Tasse Haferflocken

½ Tasse gehackte Walnüsse

½ Tasse Rosinen

½ Tasse gehackte, getrocknete Pflaumen

½ Tasse Sonnenblumenkerne

½ Tasse geschmolzenes Kokosöl

¼ Tasse Chia-Samen

¼ Tasse Honig

¼ Tasse Schokolade (70% Kakaoanteil)

1 TL Zimt

Zubereitung:

Heize den Backofen auf 180°C vor. Verwende eine Pfanne, um die Schokolade und das Kokosöl bei niedriger Temperatur zu schmelzen. Rühre gut um. Vermische sie mit den anderen Zutaten in einer großen Schüssel. Verteile die Mischung auf einer Backform und backe sie

15 Minuten. Lass sie abkühlen und bewahre sie einige Stunden im Kühlschrank auf.

Nährwert:

Kohlenhydrate 27,6g

Zucker 9,2g

Proteine 25,3g

Fette insgesamt 15,8 g

Natrium 61,2mg

Kalium 229mg

Calcium 134,4mg

Eisen 24,3mg

Vitamine (Vitamin C; B-6; B-12; A-RAE; D; D-D2+D3; K-Phylloquinone; Thianin; Riboflavin; Niacin)

Kalorien 228 kcal

43. Protein-Riegel mit Datteln

Zutaten:

½ Tasse gehackte Datteln

¼ Tasse gehackte, getrocknete Aprikosen

¼ Tasse Rosinen

¼ Tasse getrocknete Cranberries

1 EL Erdnussbutter

¼ TL gemahlener Zimt

5 EL Agavensirup

¼ Tasse gemahlene Walnüsse

¼ Tasse gemahlene Mandeln

Zubereitung:

Verwende eine Küchenmaschine zur Zerkleinerung der Datteln, Aprikosen, Rosinen und Cranberries. Füge die Erdnussbutter, den Zimt, den Agavensirup dazu und rühre gut um. Verteile die Mischung in eine Backform. Streue Walnüsse und Mandeln darauf und drücke sie mit deinen Händen leicht an. Decke sie mit Folie ab und stell sie mindestens 3-4 Stunden in den Kühlschrank. Schneide sie in 10 gleich große Protein-Riegel.

Nährwert:

Kohlenhydrate 23,4g

Zucker 5,2g

Proteine 19,5g

Fette insgesamt 13,4 g

Natrium 41,4mg

Kalium 353mg

Calcium 135,5mg

Eisen 19mg

Vitamine (Vitamin C; B-6; B-12; A-RAE; D; D-D2+D3; K-Phylloquinone; Thianin; Riboflavin; Niacin)

Kalorien 236,6 kcal

44. Protein-Riegel mit Pistazien

Zutaten:

1 Tasse geröstete Pistazien – in kleine Stücke gehackt

1 Tasse gehackte Datteln

1 TL Kakao

1 TL Zimt

2 TL Vanillezucker

1 Zitrone

Prise Salz

1 Tasse gehackte, getrocknete Fruchtmischung

Zubereitung:

Verwende einen elektrischen Mixer, um die Datteln und Pistazien zu vermischen. Füge die anderen Zutaten bei und mische sie weitere Minuten. Nutze die Mischung um 10 Protein-Riegel zu formen. Das kannst du mit der Hand tun oder Formen dafür verwenden. Stell die Riegel über Nacht in den Kühlschrank.

Nährwert:

Kohlenhydrate 19,7g

Zucker 7,4g

Proteine 18,5g

Fette insgesamt 13,5 g

Natrium 31,8mg

Kalium 326mg

Calcium 124mg

Eisen 23,2mg

Vitamine (Vitamin C; B-6; B-12; A-RAE; D; D-D2+D3; K-Phylloquinone; Thianin; Riboflavin; Niacin)

Kalorien 243,7 kcal

45. Protein-Riegel Sirup

Zutaten:

½ Tasse dunkle Zuckersirup

¼ Tasse Erdnussbutter

½ Tasse brauner Zucker

¼ Tasse Walnüsse

¼ Tasse gehackte, getrocknete Aprikosen

¼ Tasse gehackte, getrocknete Feigen

1 Tasse Haferflocken

¼ Tasse Kürbiskerne

Zubereitung:

Heize den Backofen auf 180°C vor. Hacke die Walnüsse i sehr kleine Stücke. Verwende eine Pfanne, um die Erdnussbutter, den Zucker und den Zuckersirup zu vermengen. Koche alles etwa 5 Minuten bei sehr niedriger Temperatur. Rühre gut um. Lass es aufkochen. Die Mischung sollte feucht sein und etwas steif, aber nicht trocken. Nimm sie vom Herd und vermische sie mit den Walnüssen, den getrockneten Früchten, den Haferflocken und den Kürbiskernen.

Backe sie etwa 30 Minuten. Lass sie etwa eine Stunde abkühlen oder besser zwei, bevor du sie in 10 gleich große Protein-Riegel unterteilst.

Nährwert:

Kohlenhydrate 26,4g

Zucker 4,6g

Proteine 19,5g

Fette insgesamt 12,2 g

Natrium 21,9mg

Kalium 368mg

Calcium 111mg

Eisen 25,3mg

Vitamine (Vitamin C; B-6; B-12; A-RAE; D; D-D2+D3; K-Phylloquinone; Thianin; Riboflavin; Niacin)

Kalorien 219 kcal

46. Protein-Riegel mit Kurkuma und Himbeeren

Zutaten:

½ Tasse Sojamilch

1 Tasse zerdrückte Banane

1 Tasse Kokosmehl

½ Tasse Kurkuma

2 Eiweiß

½ Tasse gemahlene Walnüsse

½ Tasse Himbeeren

Zubereitung:

Dieses Rezept ist sehr leicht zuzubereiten. Es erfordert kein Kochen oder Backen. Alles, was du brauchst, ist ein Mixer, um alle Zutaten einige Minuten lang zu vermengen. Verteile die Mischung in Formen für Protein-Riegel und lasse sie einige Stunden im Gefrierfach stehen. Bewahre sie im Anschluss im Kühlschrank auf.

Nährwert:

Kohlenhydrate 21,3g

Zucker 6,4g

Proteine 19,5g

Fette insgesamt 11,4 g

Natrium 33,7mg

Kalium 343mg

Calcium 133mg

Eisen 13,2mg

Vitamine (Vitamin C; B-6; B-12; A-RAE; D; D-D2+D3; K-Phylloquinone; Thianin; Riboflavin; Niacin)

Kalorien 232,4 kcal

47. Protein-Riegel mit rotem Pfeffer

Zutaten:

3 EL Kakaopulver

1,5 Tassen Mandeln

½ Tasse Buchweizenmehl

2 TL Zimt

½ TL gemahlener roter Pfeffer

½ Tasse gehackte Schokolade (80% Kakaoanteil)

1 Tasse brauner Zucker

1 Tasse Honig

Zubereitung:

Heize den Backofen auf 170°C vor. Vermische den Kakao, die gehackten Mandeln, das Buchweizenmehl, Zimt und den Pfeffer in einer großen Schüssel. Verwende eine Pfanne, um die Schokolade, den Zucker und den Honig bei niedriger Temperatur zu schmelzen. Rühre gut um und füge die trockene Mischung bei. Vermenge alles und nimm es vom Herd. Lass alles eine Weile abkühlen und forme 10 Protein-Riegel mit deinen Händen oder mithilfe von Formen. Streue etwas Kakaopulver darüber, nur zur

Dekoration. Backe sie etwa 30 Minuten. Nimm die Form aus dem Backofen, lass sie abkühlen und stell sie in den Kühlschrank.

Nährwert:

Kohlenhydrate 21g

Zucker 5,4g

Proteine 19,3g

Fette insgesamt 12,3 g

Natrium 32,2mg

Kalium 236mg

Calcium 121mg

Eisen 23,2mg

Vitamine (Vitamin C; B-6; B-12; A-RAE; D; D-D2+D3; K-Phylloquinone; Thianin; Riboflavin; Niacin)

Kalorien 219 kcal

48. Protein-Riegel mit Johannisbeeren

Zutaten:

1 Tasse Johannisbeeren

1 Tasse Cornflakes

1 Tasse fettreduzierter Käse

1 TL Johannisbeerextrakt

½ Tasse Reismehl

Zubereitung:

Ein weiteres, sehr leichtes Rezept. Mische die Zutaten mit einem elektrischen Mixer. Verwende Formen für Protein-Riegel, um 10 Protein-Riegel aus diesem Rezept zu erhalten. Heize den Backofen auf 180°C vor und backe deine Protein-Riegel 15 Minuten. Nimm sie aus dem Backofen, lass sie etwa eine Stunde, bevor du sie in den Kühlschrank stellst, abkühlen.

Nährwert:

Kohlenhydrate 19,1g

Zucker 3,4g

Proteine 18,5g

Fette insgesamt 13,2 g

Natrium 35,2mg

Kalium 392mg

Calcium 121mg

Eisen 21,3mg

Vitamine (Vitamin C; B-6; B-12; A-RAE; D; D-D2+D3; K-Phylloquinone; Thianin; Riboflavin; Niacin)

Kalorien 211 kcal

49. ToffeeProtein-Riegel

Zutaten:

½ Tasse Mandelbutter

½ Tasse brauner Zucker

2 EL Ahornsirup

1,5 Tassen Haferflocken

Prise Salz

Zubereitung:

Schmelze die Mandelbutter und den Zucker bei niedriger Temperatur. Es sollte nicht kochen, aber der Zucker muss eine braune Farbe annehmen. Füge Ahornsirup dazu und mische alles eine weitere Minute. Nimm alles vom Herd, gib Salz und Haferflocken dazu. Es entsteht eine sehr steife Mischung.

Verteile die Mischung in eine Backform und backe sie im vorgeheizten Backofen bei 150°C 20-25 Minuten. Nimm die Form aus dem Ofen, lass sie etwa eine Stunde abkühlen und schneide sie in 6 gleich große Protein-Riegel. Es ist sehr wichtig, dass die Mischung vollständig abgekühlt ist. Andernfalls wirst du sie nicht richtig schneiden können. Bewahre sie im Kühlschrank auf.

Nährwert:

Kohlenhydrate 21,7g

Zucker 5,4g

Proteine 13,5g

Fette insgesamt 14,2 g

Natrium 32,4mg

Kalium 311mg

Calcium 133mg

Eisen 21,4mg

Vitamine (Vitamin C; B-6; B-12; A-RAE; D; D-D2+D3; K-Phylloquinone; Thianin; Riboflavin; Niacin)

Kalorien 212 kcal

,

50. Gesunde Würfel

Zutaten:

5 EL Mandelbutter

8 EL brauner Zucker

3 EL Honig

4 EL Rosinen

4 EL gemahlene Haselnüsse

1 Tasse Haferflocken

3 EL brauner Puderzucker

2 TL Zitronensaft

Zubereitung:

Schmelze die Mandelbutter bei niedriger Temperatur und gib Honig und Zucker zu. Brate alles einige Minuten und rühre gut um. Füge Rosinen, gemahlene Haselnüsse und Haferflocken dazu. Rühre alles um, bis eine dickflüssige Mischung entsteht. Verteile die Mischung in einer Backform, streue brauner Puderzucker und Zitronensaft darüber. Backe den Teig im vorgeheizten Backofen bei 150°C 15 Minuten. Der Teig erhält dann eine schöne braune Farbe und eine Das hängt nur von der Konsistenz der Mischung ab.

Nimm die Form aus dem Ofen, lass sie eine Weile abkühlen und schneide sie in 8 Stücke. Deine Protein-Riegel sind fertig. Wenn du möchtest, kannst du noch etwas mehr Zitronensaft darauf träufeln. Ein Hinweis von meiner Seite: Verteile noch Ahornsirup darüber. Aber das ist dir überlassen. Lass die Riegel über Nacht im Kühlschrank stehen

Nährwert:

Kohlenhydrate 37g

Zucker 16g

Proteine 25,6g

Fette insgesamt 6g

Natrium 27mg

Kalium 245mg

Calcium 98mg

Eisen 224mg

Vitamine (Vitamin C Askorbinsäure; B-6; B-12; Folate-DFE; A-RAE; A-IU; E-alpha-Tocopherol; D; D-D2+D3; K-Phylloquinone; Thianin)

Kalorien 239

ANDERE GROßARTIGE WERKE DES AUTORS

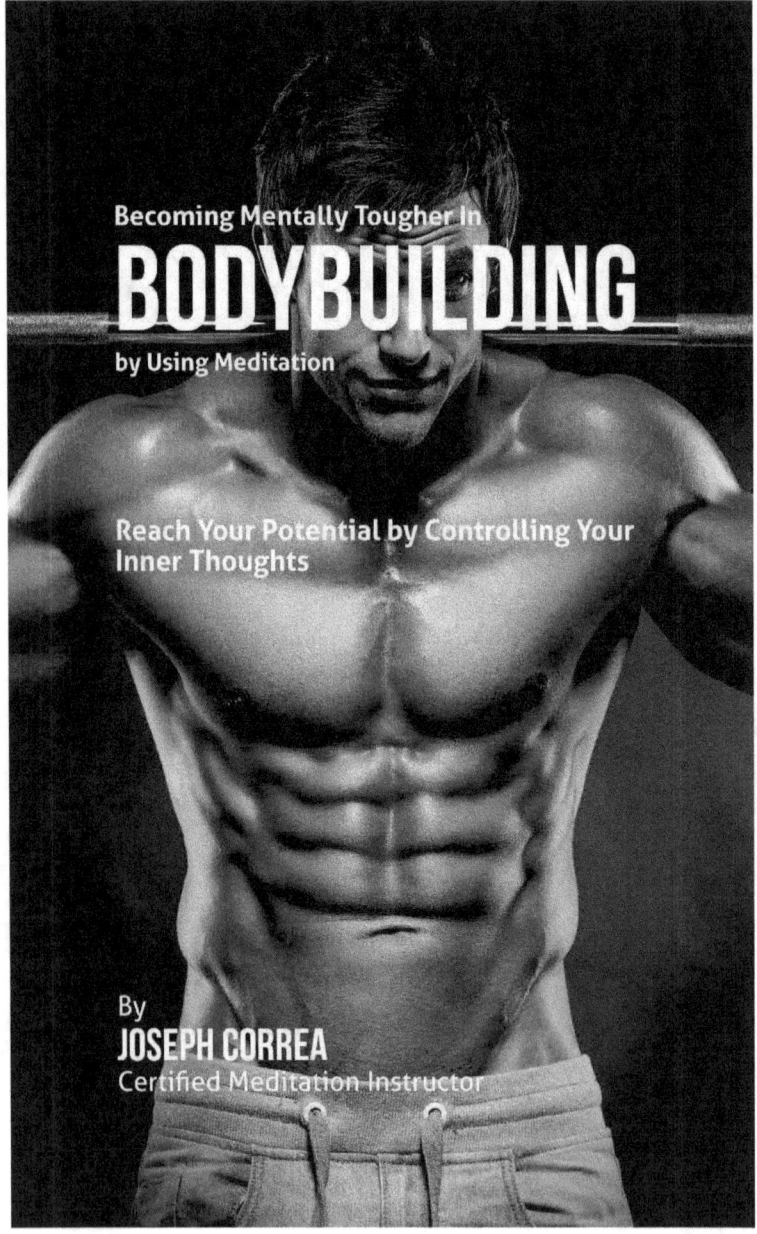